Cuisines du Monde

Cuisines du Monde

de Acra à Zarzuela

LE GRAND LIVRE DU MOIS

Édition exclusivement réservée aux adhérents du Club
Le Grand Livre du Mois
15, rue des Sablons
75116 Paris

Conception et réalisation : Hubert Deveaux & Co
Conception graphique : ELSE
Photographies : Pierre Ginet
Rédaction : Hubert Deveaux
Suivi éditorial et mise en pages : Céline de Quéral
Photogravure : Quat'coul

ISBN 2-7028-4578-9

Avant-propos

Safran, cannelle, noix de coco, curcuma, feijoada, acras, gravad lachs, tous ces mots sont des invitations au voyage aussi enivrantes que les annonces de vols long-courriers diffusées dans les aéroports.

Aux quatre coins du monde, là où vous mènent Air Tahiti, Thai Airways, Japan Airlines, Air France et British Caledonian, rien n'est plus dépaysant et convivial qu'une table sur laquelle est dressé un repas de fête aux couleurs locales.

Faites-vous plaisir, étonnez vos amis, voyagez en mangeant autrement. N'hésitez pas, faites le tour du monde en goûtant des plats venus des quatre horizons.

Tous les ingrédients pour réaliser ces recettes gourmandes sont disponibles en bas de chez vous, dans les grandes surfaces, les épiceries fines ou même sur les marchés.

Bon appétit et bon voyage !

Les Éditeurs

SOMMAIRE 6

GUADELOUPE

Acras de morue

Pour 4 personnes
Dessalage : 24 heures
Préparation : 10 minutes
Cuisson : 35 minutes + 4 minutes

1 filet de morue séché et salé (600 g environ)
1 belle botte de cives • 1 oignon
1 l de pâte à beignets prête à l'emploi
2 l d'huile d'arachide (pour la friture) • piment • poivre

1 Faites dessaler la morue dans de l'eau fraîche pendant 24 h.

2 Mettez-la dans une cocotte avec de l'eau froide et, à partir du début de l'ébullition, laissez cuire 35 min. Sortez-la de l'eau, égouttez-la et laissez-la refroidir.

3 Lorsqu'elle est froide, émiettez-la en prenant soin d'enlever les arêtes et la peau. Ajoutez l'oignon et les cives hachés puis une pointe de piment. Poivrez mais ne salez pas.

4 Ajoutez la pâte à beignets à cette préparation et malaxez le tout jusqu'à obtention d'une pâte onctueuse.

5 Faites chauffer l'huile. Lorsqu'elle est bien chaude, jetez-y des morceaux de pâte de la taille d'une petite clémentine et laissez frire 4 min. Sortez les beignets de la friture, égouttez-les, posez-les sur du papier absorbant. Servez-les chauds, à l'apéritif.

Conseil. Ne faites pas plus de 4 acras à la fois, afin d'éviter qu'ils collent et s'agglomèrent dans la friteuse.

AUTRICHE

Apfelstrudel

Pour 4 personnes
Préparation : 30 minutes
Cuisson : 40 minutes

1 rouleau de pâte sablée sucrée
3 belles pommes • 50 g de beurre
100 g de chapelure • 50 g de raisins secs
1 bonne pincée de cannelle
50 g de sucre cristallisé
2 jaunes d'œufs

1 Préchauffez votre four 30 min (th 6, 180 °C).

2 Étalez la pâte sablée sur un plan de travail et donnez-lui la forme d'un rectangle. Coupez-la en 2 demi-rectangles.

3 Épluchez les pommes, coupez-les en tranches fines. Alignez ces dernières sur une moitié du rectangle. Arrosez-les avec le beurre fondu puis recouvrez de chapelure. Saupoudrez de raisins secs, de cannelle et de sucre.

4 Posez la deuxième moitié du rectangle de pâte sur cette préparation. Soudez les bords et, à l'aide d'un pinceau, enduisez la surface de jaune d'œuf.

5 Enfournez et laissez cuire 40 min.

Servez l'apfelstrudel tiède accompagné d'un bol de crème fouettée légèrement sucrée. Dégustez-le en buvant un chocolat chaud ou un café bien fort.

⇐ *Acras de morue*
Ces beignets salés, servis brûlants, se dégusteront en sirotant un punch. On en mange dans toutes les Antilles : ils sont également appelés « bonbons à l'huile » aux Antilles françaises, « stamp and go » à la Jamaïque ou « surullitos » à Porto Rico.

PORTUGAL

Baccalau

Pour 6 personnes
Dessalage : 24 heures
Préparation : 20 minutes
Cuisson : 15 minutes + 30 minutes

2 beaux filets de morue séchés et salés (1,2 kg environ)
3 belles pommes de terre • 6 gousses d'ail
6 oignons • 1 boîte de tomates pelées (1 kg)
2 pointes de piment • 5 c. à soupe d'huile d'olive
50 g de beurre • poivre

1 Faites dessaler la morue dans de l'eau froide pendant 24 h.

2 Préchauffez votre four (th 7, 210 °C).

3 Coupez 6 beaux tronçons dans les filets et réservez les restes pour les émietter.

4 Plongez la morue dans l'eau bouillante et laissez-la cuire 15 min à petits bouillons. Sortez-la à l'aide d'une écumoire ; réservez.

5 Épluchez les pommes de terre, découpez-les en tranches assez fines.

6 Écrasez les gousses d'ail, hachez les oignons et mêlez-les aux tomates préalablement concassées. Ajoutez le poivre, le piment et 3 c. à soupe d'huile d'olive. Mélangez bien.

7 Dans un plat préalablement beurré, superposez successivement une couche de pommes de terre, une couche de concassée de tomates, puis les tronçons de morue. Terminez par une nouvelle couche de concassée de tomates.

8 Émiettez le reste de morue à la surface, badigeonnez avec 2 c. à soupe d'huile d'olive.

9 Enfournez et laissez cuire 30 min.

Accorder les vins. Un vinho verde servi glacé.

GRÈCE

Boulettes de boeuf au yaourt

Pour 4 personnes
Préparation : 15 minutes
Cuisson : 7 minutes

200 g de mouton bouilli (collier) • 400 g de bœuf cuit
100 g de poitrine de porc fumée • 1 oignon
1 poivron rouge • 1 gros bouquet de persil • 4 jaunes d'œufs
2 c. à café de gingembre en poudre • 50 g de beurre
4 yaourts nature • 2 c. à soupe de farine
1 bouquet de coriandre • sel, poivre

1 Hachez le bœuf cuit, le mouton bouilli et la poitrine fumée. Mélangez avec l'oignon, le poivron et le persil – également hachés –, le gingembre et les 4 jaunes d'œufs. Salez, poivrez.

2 Avec cette préparation, formez des boulettes de taille moyenne. Roulez-les dans la farine et poêlez-les dans le beurre 7 min à feu vif pour qu'elles soient bien dorées.

3 Dans un saladier, battez vivement les yaourts et ajoutez le coriandre ciselé. Poivrez.

4 Versez cette préparation dans un plat creux, disposez les boulettes brûlantes à la surface. Le contraste entre le froid et le chaud mêlé à la subtilité de la coriandre fraîche est exquis.

Accorder les vins. Un vin résiné ou un blanc de Crète.

ÎLE MAURICE

Capitaine en papillotes de feuilles de bananier

Pour 4 personnes
Préparation : 15 minutes
Macération : 1 heure
Cuisson : 35 minutes

4 morceaux carrés (20 × 20 cm) de jeunes feuilles de bananier • 4 pavés de filet de capitaine de 150 g chacun
1 graine de cardamome • 12 grains de poivre
1 c. à café de gingembre en poudre • 1 citron
2 c. à soupe d'huile d'olive • 2 gousses d'ail
sel • 4 cure-dents en bois

1 Concassez la cardamome et le poivre le plus finement possible. Incorporez le gingembre et mouillez avec le jus du citron. Ajoutez l'huile d'olive et le sel. Laissez macérer 1 heure.

2 Enduisez le poisson de marinade. Posez chaque pavé au milieu d'une feuille de bananier. Refermez la feuille en la pliant, attachez-la avec un cure-dent en bois.

3 Faites cuire 35 min à la vapeur, dans un couscoussier ou mieux, dans des petits paniers chinois en osier.

Conseil. Vous pouvez servir ces papillotes accompagnées d'un riz basmati légèrement safrané ou relevé avec un mélange d'épices indiennes.

ANTILLES

Colombo de porc

Pour 6 personnes
Marinade : 1 heure
Préparation : 10 minutes
Cuisson : 1 heure 10

800 g de filet de porc • 4 gousses d'ail • 1 oignon
2 citrons • 3 c. à soupe de poudre de colombo
4 c. à soupe d'huile d'arachide
1 c. à café de graines de cumin • 1 c. à café de moutarde
2 aubergines • 1 bouquet garni
1 cube de bouillon de volaille • sel, poivre

1 Découpez le porc en gros dés, ajoutez 2 gousses d'ail écrasées, l'oignon émincé, le jus d'1 citron et 2 c. à soupe de poudre de colombo. Salez, poivrez et laissez macérer 1 h au moins au réfrigérateur.

2 Versez l'huile dans une sauteuse. Faites-y revenir le cumin et la moutarde puis ajoutez la viande et sa marinade. Remuez avec une spatule et versez de l'eau au ras de la préparation. Laissez cuire 30 min.

3 Ajoutez les aubergines coupées en dés et un bouquet garni. Poursuivez la cuisson 30 min.

4 Incorporez 1 cube de bouillon, 1 c. à soupe de poudre de colombo, le jus d'1 citron, 2 gousses d'ail, mélangez bien et laissez mijoter encore 10 min. Servez avec un riz blanc.

Accorder les vins. Un côtes-du-rhône rouge.

Conseil. Vous pouvez saupoudrer ce plat des îles d'un peu de noix de coco râpée.

*⇐ **Capitaine en papillotes de feuilles de bananier***
Vous pouvez trouver des feuilles de bananier dans les jardineries ou les commander chez les marchands de produits exotiques.
À défaut de capitaine (poisson au goût subtil), utilisez de la lotte ou des filets de daurade.

ESPAGNE

Daurade aux citrons confits

Pour 6 personnes
Préparation : 15 minutes
Cuisson : 35 minutes

1 daurade de 1,3 kg environ • 3 citrons confits
1 poivron vert • 1 poivron rouge
2 c. à soupe d'huile d'olive
2 verres de muscadet • poivre

1 Demandez à votre poissonnier d'écailler et de couper les nageoires de la daurade.

2 Placez le poisson dans un plat creux allant au four.

3 Préchauffez votre four (th 8, 230 °C).

4 Coupez les citrons confits en rondelles de 1 cm d'épaisseur. Placez l'équivalent d'1 citron à l'intérieur de la daurade et disposez les rondelles des 2 autres autour du poisson. Ajoutez les poivrons coupés en petits dés. À l'aide d'un pinceau, badigeonnez la daurade d'huile d'olive. Poivrez généreusement et arrosez avec le muscadet.

5 Enfournez et laissez cuire 35 min. Servez brûlant, accompagné d'un riz pilaf relevé au safran.

Accorder les vins. Un muscadet tiré sur lie ou un gros-plant du pays nantais.

Dinde de Thanksgiving ⇒
Thanksgiving Day est célébré aux États-Unis le quatrième jeudi de novembre : cette fête commémore l'arrivée des colons sur la côte Est. Ce jour-là, on sert impérativement à ses invités une dinde rôtie accompagnée de canneberges (aisément remplacées par des airelles) et de tranches de potiron rôties.

ÉTATS-UNIS

Dinde de Thanksgiving

Pour 8 personnes
Préparation : 20 minutes
Cuisson : 2 heures + 40 minutes

1 dinde fermière de 4 kg environ • 100 g de raisins secs
500 g d'échine de porc • 2 tranches de jambon de Bayonne
2 oignons • 2 jaunes d'œufs • 150 g de pain de mie rassis
10 cl de lait • 4 pommes • 300 g de beurre demi-sel
1 kg de brocolis • 1 kg de petites carottes • 2 boîtes d'airelles
au sirop • 8 tranches de potiron (1,6 kg environ)
2 c. à soupe de sucre • 1 petit verre de whisky • sel, poivre

1 Laissez tremper les raisins 2 h dans de l'eau tiède.

2 Hachez ensemble l'échine de porc, le jambon de Bayonne, les oignons et le foie de la dinde. Salez, poivrez. Ajoutez les jaunes d'œufs et la mie de pain trempée dans le lait. Incorporez les raisins et les pommes, puis fourrez la dinde avec cette préparation. Tartinez-la de beurre demi-sel, enfournez-la.

3 Au bout de 30 min, réduisez la température du four (th. 6, 180 °C). Poursuivez la cuisson 90 min en arrosant régulièrement la dinde avec son jus. Pendant ce temps, faites caraméliser les brocolis et les carottes coupées en rondelles dans 50 g de beurre et 2 c. à soupe de sucre. Lorsque les légumes sont bien dorés, mouillez-les avec 1 l d'eau et laissez cuire 40 min à l'étouffée.

4 Posez la dinde sur les légumes et flambez au whisky. Dans des raviers, disposez les airelles tiédies au bain-marie et les tranches de potiron rôties dans du beurre demi-sel.

ÉTATS-UNIS

Escalopes de dinde à la texane

Pour 4 personnes
Préparation : 5 minutes
Cuisson : 20 minutes

4 escalopes de dinde • 2 œufs • 1 pointe de piment
100 g de chapelure • 50 g de beurre
1 kg de grains de maïs en boîte • 100 g de raisins secs
150 g de noix de cajou concassées • sel, poivre

1 Cassez les œufs et battez-les en omelette, ajoutez la pointe de piment, salez et poivrez. Trempez les escalopes de dinde dans cette préparation, puis roulez-les dans la chapelure.

2 Faites fondre le beurre dans la poêle, et laissez les escalopes cuire à feu doux 10 min sur chaque face. Au moment où vous retournerez la viande pour faire cuire la deuxième face, ajoutez le mélange de grains de maïs, de raisins secs et de noix de cajou.

Accorder les vins. Un côtes-du-rhône rouge ou un roberto-mondavi de la vallée de la Napa.

CANADA

Espadon grillé à la québécoise

Pour 4 personnes
Marinade : 6 heures
Préparation : 5 minutes
Cuisson : 15 minutes (au barbecue)

1 tranche d'espadon de 600 g environ • 3 citrons
2 c. à soupe de sirop d'érable
1 c. à soupe de poivre concassé
2 c. à soupe d'huile d'arachide • charbon de bois

1 Laissez mariner la tranche d'espadon dans le jus des 3 citrons pendant 6 h. Retournez régulièrement.

2 Huilez le poisson ; enduisez-le de sirop d'érable puis parsemez-le de poivre sur chaque face.

3 Faites cuire chaque côté 7 min au barbecue, sur du charbon de bois bien rouge.

ISRAËL

Feuilletés au fromage

Pour 6 personnes
Préparation + réfrigération : 50 minutes
Cuisson : 35 minutes

300 g de pâte feuilletée • 150 g de feta
50 g de chèvre frais • 2 œufs • 50 g de parmesan • poivre

1 Dans la pâte, découpez 6 carrés de 15 cm chacun. Mélangez les fromages, ajoutez 1 œuf entier. Poivrez. Posez cette farce au centre des carrés, repliez-les afin de former des triangles. Soudez bien les bords. Placez-les 40 min au réfrigérateur. Préchauffez votre four (th 5, 150 °C).

2 Badigeonnez les feuilletés avec un jaune d'œuf battu, enfournez-les et laissez-les cuire 35 min.

ESPAGNE

Fèves à la catalane

Pour 2 personnes
Préparation : 15 minutes
Cuisson : 25 minutes

400 g de fèves écossées • 2 belles portions de boudin noir
3 c. à soupe d'huile d'olive • 1 oignon • 1 tomate
1 gousse d'ail • 150 g de chorizo coupé en lamelles
de 1 cm d'épaisseur • sel, poivre

1 Faites revenir l'oignon haché, la tomate épluchée, épépinée et concassée, la gousse d'ail pilée 5 min dans l'huile d'olive. Ajoutez ensuite les boudins piqués et laissez-les rissoler de chaque côtés.

2 Ajoutez les fèves épluchées – légèrement salées et abondamment poivrées – puis le chorizo. Mouillez avec 50 cl d'eau. Laissez cuire 20 min à feu moyen.

3 Servez dans le plat de cuisson.

Accorder les vins. Un rioja rouge bien corsé.

ITALIE

Fusilli en salade à la sicilienne

Pour 6 à 8 personnes
Préparation : 15 minutes
Marinade des poivrons : 20 minutes
Cuisson : 10 minutes
Réfrigération : 1 heure

1 kg de pâtes torsadées (fusilli) • 5 tomates bien mûres
3 gousses d'ail • 1 poivron rouge • 1 poivron vert
10 cl d'huile d'olive • 1 bouquet de basilic
1 bocal d'olives noires dénoyautées
100 g d'olives vertes dénoyautées
150 g de fromage de chèvre sec • 4 œufs durs
3 tranches de jambon d'Aoste coupées en fines lamelles

1 Faites cuire les pâtes dans de l'eau bouillante salée, en suivant les indications du fabricant. Laissez-les refroidir dans un grande saladier.

2 Plongez les tomates 1 min dans de l'eau bouillante afin de les peler plus facilement. Concassez-les grossièrement. Hachez les gousses d'ail puis le basilic.

3 Découpez les poivrons en lanières et faites-les mariner 20 min dans l'huile d'olive.

4 Mélangez les tomates, l'ail, les poivrons, le basilic, les olives noires, les olives vertes et le fromage de chèvre découpé en cubes avec les pâtes froides.

5 Assaisonnez avec une vinaigrette au citron bien relevée au poivre, et placez le tout 1 h au réfrigérateur avant de servir.

6 Décorez avec les filets d'anchois disposés en étoile et des quartiers d'œufs durs.

Les salades de pâtes offrent aux maîtresses de maison averties la possibilité de régaler un grand nombre de convives à peu de frais. Toutes les pâtes peuvent être accommodées en salade.

Accorder les vins. Un beaujolais-village.

SARDAIGNE

Gnocchis à la sarde

Pour 4 personnes
Préparation : 30 minutes
Repos : 2 heures
Cuisson : 10 minutes

500 g d'épinards en branches surgelés
250 g de ricotta • 15 g de beurre
1 pincée de muscade râpée • 2 œufs
3 c. à soupe de farine • 50 g de parmesan râpé
1 truffe blanche • sel, poivre

1 Décongelez les épinards et égouttez-les pour éliminer l'eau.

2 Faites fondre la ricotta dans une casserole. Incorporez les épinards hachés et le beurre en morceaux. Salez, poivrez, ajoutez la muscade. Laissez réchauffer 5 min à feu doux, en mélangeant bien la préparation.

3 Hors du feu, ajoutez les 2 œufs, la farine et le parmesan. Malaxez bien et laissez reposer 2 h environ.

4 Confectionnez des boulettes de la grosseur d'une noix ; farinez-les.

5 Faites bouillir de l'eau salée et plongez-y les boulettes par petites quantités. Elles sont cuites lorsqu'elles remontent à la surface. Râpez une truffe blanche au-dessus du plat et servez rapidement.

Nota. Les gnocchis sont des apprêts à base de pommes de terre et de semoule façonnés en boulettes. Délice de Romagne et du Piémont, cette spécialité peut être pochée ou gratinée et présentée sur un lit de roquette, une concassée de tomates ou une embeurrée d'épinards.

Conseil. Vous servirez vos gnocchis en entrée, en plat unique ou en accompagnement d'une viande blanche rôtie (du veau par exemple).

Accorder les vins. Un saint-émilion.

BIRMANIE

Gombos à la birmane

Pour 6 personnes
Préparation : 15 minutes
Cuisson : 10 minutes + 10 minutes

36 gombos • 300 g de gros sel • 2 yaourts
150 g de crème fraîche • 150 g de noix de coco râpée
1 c. à soupe de 4 épices • 1 c. à soupe de curry en poudre
1 c. à soupe de gingembre en poudre • sel, poivre

1 Préchauffez votre four (th 7, 210 °C).

2 Coupez les pétioles de chaque gombo. Frottez ces derniers avec le gros sel afin de les débarrasser de leurs aspérités. Faites-les cuire 10 min à la vapeur, dans un couscoussier.

3 Mélangez les yaourts, la crème fraîche, la noix de coco et les épices, salez, poivrez. Disposez artistiquement vos gombos en étoile dans un plat allant au four, arrosez-les avec la préparation au yaourt.

4 Enfournez et laissez cuire 10 min. Servez dans le plat de cuisson.

Accorder les vins. Un sancerre rosé.

GRANDE-BRETAGNE

Haddock poché à l'anglaise

Pour 4 personnes
Préparation : 10 minutes
Cuisson : 30 minutes

600 g de filet de haddock
1 kg de pommes de terre (charlottes) • 50 cl de lait
250 g de beurre • 2 citrons
1 bouquet de persil

1 Lavez le haddock à grande eau.

2 Épluchez les pommes de terre et faites-les cuire dans 2 l d'eau non salée.

3 Dans un faitout, recouvrez le haddock avec le lait et 1 l d'eau froide. Laissez cuire 20 min à petits bouillons, puis réservez au chaud.

4 Faites fondre le beurre dans une petite casserole. Incorporez le jus des citrons. Hachez le persil.

5 Disposez le haddock égoutté dans un plat long, entourez-le avec les pommes de terre. Arrosez du mélange beurre-citron, parsemez de persil et servez aussitôt.

Accorder les vins. Un muscadet tiré sur lie.

PAYS-BAS

Hochepot

Pour 6 personnes
Préparation : 20 minutes
Cuisson : 3 heures

800 g de queue de bœuf • 800 g de queue de porc
1 oreille de porc • 1 l de bière blonde • 2 gousses d'ail
1 oignon piqué de clous de girofle
20 grains de genièvre • 6 navets • 6 carottes
1 petit chou coupé en quartiers
2 branches de céleri
sel, poivre

1 Coupez l'oreille de porc en lanières de 1 cm. Découpez les queues de bœuf et de porc en 6 tronçons chacune.

2 Mettez les viandes dans un grand faitout. Ajoutez la bière, les gousses d'ail, l'oignon, les grains de genièvre, recouvrez d'eau, salez et poivrez.

3 Laissez cuire 1 h, puis ajoutez les légumes épluchés et coupés en morceaux. Laissez mijoter encore 2 h.

4 Sur un plat de service, disposez la viande entourée des légumes. Servez le bouillon à part, dans une petite soupière.

Conseils.
• À la surface du bouillon, vous pouvez ajouter des tranches de pain grillé préalablement frotté à l'ail. Présentez du fromage râpé dans un ramequin.
• Une bière blonde accompagnera bien ce plat d'hiver.

⇐ Haddock poché à l'anglaise
Le haddock poché peut aussi être dégusté avec un beurre blanc nantais. Il s'agit d'une sauce au beurre émulsionné dont la légère acidité se mariera parfaitement au goût fumé du haddock.

TURQUIE

Imam bayildi

Pour 4 personnes
Préparation : 10 minutes
Cuisson : 10 minutes + 20 minutes

4 belles aubergines • 1 tomate • 2 gousses d'ail
1 oignon • 100 g de raisins de Smyrne
1 bouquet de persil • 3 branches de thym • 2 citrons
100 g de pignons de pin • 1 c. à soupe de sucre semoule
4 c. à soupe d'huile d'olive • sel, poivre

1 Préchauffez votre four (th 7, 210 °C).

2 Coupez les aubergines dans le sens de la longueur, évidez-les sans crever la peau. Réservez cette dernière et concassez la chair.

3 Versez l'huile d'olive dans une sauteuse et faites revenir la pulpe d'aubergines, la tomate concassée, l'ail écrasé, l'oignon émincé, les raisins, les pignons, le persil haché. Émiettez le thym, mouillez avec le jus des 2 citrons pressés, salez, poivrez et ajoutez le sucre. Mélangez bien et laissez cuire 10 min à feu doux.

4 Farcissez les peaux d'aubergines avec cette préparation. Enfournez et laissez cuire 15 min. Terminez la cuisson sous le grill pendant 5 min.

Accorder les vins. Un côtes-de-bourg ou un vin rouge du Tarn.

⇐ Imam bayildi

Ces « délices de l'imam » seront parfaits pour accompagner une pièce d'agneau mais aussi comme plat unique, avec une salade verte assaisonnée à l'huile d'olive et au citron. Au moment de les servir, vous pouvez les parsemer de coriandre fraîchement ciselée.

IRLANDE

Irish coffee

Pour 4 personnes
Préparation : 10 minutes

50 cl de café très fort
20 cl de whisky irlandais (rye ou paddy)
8 morceaux de sucre
25 cl de crème fraîche liquide

1 Réchauffez votre café afin qu'il soit brûlant, en évitant toutefois de le faire bouillir.

2 Faites fondre les sucres dans le café. Ajoutez la moitié du whisky irlandais. Laissez à nouveau chauffer (15 sec).

3 Versez le café dans des tasses résistant à la chaleur.

4 Placez une grande cuillère à soupe à l'envers à la surface de chaque tasse. Faites couler délicatement le reste de whisky – équitablement réparti – sur chaque dos de cuillère. De la même manière, versez la crème liquide. Ne mélangez pas le whisky et la crème : ceux-ci doivent impérativement rester à la surface de la tasse.

5 Servez avec des pailles.

Conseil. Vous pouvez servir un irish coffee à vos amis chasseurs avant qu'ils ne sortent : ce breuvage les réveillera et leur tiendra chaud au corps pendant les hivers rigoureux !

ITALIE

Jambon à la florentine

Pour 4 personnes
Préparation : 10 minutes
Cuisson : 15 minutes + 10 minutes

4 tranches de jambon de Paris assez épaisses
1 kg d'épinards en branches surgelés • 15 cl de marsala
20 cl de crème fraîche liquide
1 c. à soupe de fond de veau • sel, poivre

1 Faites décongeler les épinards. Placez-les dans une cocotte en les recouvrant d'eau. Salez et poivrez. Faites cuire à petits bouillons jusqu'à ce qu'ils soient bien chauds. Égouttez-les.

2 Mélangez 1 c. à soupe de crème aux épinards. Placez les tranches de jambon de Paris à la surface de la préparation.

3 Dans un saladier, mêlez la liqueur de Marsala, le fond de veau, le poivre et le reste de crème fraîche.

4 Étalez cette sauce sur le jambon. Couvrez et réchauffez 10 min à feu très doux. Servez dans le plat de cuisson.

Accorder les vins. Un san giovese rouge ou un chianti rosé.

JAPON

Japanese sashimi

Pour 4 personnes
Préparation : 10 minutes
Cuisson : 20 minutes
Présentation : 20 minutes

100 g de saumon coupé en lamelles fines
50 g de haddock coupé en dés ou en lamelles
8 praires • 4 grosses crevettes crues
50 g de thon coupé en dés de 1 cm de côté
200 g de riz • sel • 1 flacon de vinaigre de riz
1 pot de gingembre confit au vinaigre
1 flacon de sauce teriyaki
1 c. à café de raifort vert en poudre

1 Faites cuire le riz 20 min dans l'eau salée. Égouttez-le et laissez-le refroidir. Placez-le au réfrigérateur afin qu'il soit bien froid.

2 Dans des bols en bois, de préférence laqués noir à l'intérieur avec un bord rouge, placez 1 grosse poignée de riz bien froid, arrosez d'1 c. à café de vinaigre de riz. Disposez, le plus artistiquement possible, 1 morceau de chacun des poissons (dont vous aurez ôté les arêtes) et les crustacés crus.

3 Présentez à chaque convive : 1 bol, 1 paire de baguettes et 3 coupelles, la première contenant des copeaux de gingembre confit, la deuxième de la sauce teriyaki et la troisième 1 c. à café de poudre de raifort vert malaxée avec 1 c. à café d'eau.

Conseils.
- Pour manger ce plat, prenez dans votre bol un morceau de poisson et une boulette de riz. Trempez les bouchées dans la sauce teriyaki puis dans le raifort. Avant d'entamer une autre bouchée, dégustez un peu de gingembre confit pour que les goûts des différents poissons ne se mélangent pas.
- Ce plat peut être réalisé avec tous les poissons que l'on trouve en Europe. Sa qualité dépend d'une part de l'extrême fraîcheur des poissons, d'autre part de votre talent artistique pour les disposer élégamment sur le riz.
- Buvez une bière ou du saké chaud.

Attention ! Le raifort japonais en poudre est extrêmement fort, consommez-le avec modération...

INDE

Korma de poulet

Pour 4 personnes
Préparation : 10 minutes
Cuisson : 50 minutes

1 poulet de 1,4 kg • 4 c. à soupe d'huile d'arachide
1 gros oignon • 2 yaourts nature
1 c. à café de curcuma • 5 grains de garam
1 c. à café de curry de Madras • 150 g de noix de cajou
2 clous de girofle • 1 pincée de gingembre
1/2 c. à café de cannelle en poudre • 2 gousses d'ail
1/2 piment vert haché (facultatif) • sel, poivre

1 Découpez votre poulet en 8 morceaux. Faites-les revenir dans l'huile d'arachide, sur feu vif.

2 Ajoutez l'oignon émincé, les yaourts nature, le curcuma, les grains de garam, le curry de Madras, les noix de cajou préalablement hachées, les clous de girofle concassés, le gingembre, la cannelle en poudre et les gousses d'ail écrasées.

3 Laissez mijoter 45 min à feu doux, en veillant à ce que la préparation n'attache pas (ajoutez éventuellement 1 verre de bouillon de poule pour diluer). Salez, poivrez.

4 Lorsque le poulet est bien cuit, incorporez 1/2 piment vert haché à la préparation (si vous aimez les plats relevés).

5 Servez brûlant, accompagné de riz basmati ou d'une purée de lentilles.

Accorder les vins. Un beaujolais bien frais.

Korma de poulet ⇒
Servez ce délicieux poulet avec des chapatis (galettes indiennes) ou des naans (pain levé). Ces derniers peuvent être fourrés au fromage (type Vache-qui-rit) puis réchauffés au four quelques minutes.

RUSSIE

Koulibiac de saumon

Pour 4 personnes
Préparation : 15 minutes
Cuisson : 10 minutes + 45 minutes

1 rouleau de pâte feuilletée
1 boîte de saumon au naturel (300 g)
1 gros oignon • 1 carotte • 1 branche de céleri
1 boîte de champignons émincés (400 g)
1 branche d'aneth • 100 g de beurre demi-sel
30 cl de vin blanc sec (muscadet)
1 jaune d'œuf • 3 c. à soupe de jus de citron
100 g de crème fraîche • sel, poivre

1 Préchauffez votre four (th 7, 210 °C).

2 Épluchez l'oignon et la carotte, taillez-les en julienne. Coupez le céleri en dés.

3 Faites revenir l'oignon, la carotte, le céleri, l'aneth et les champignons égouttés dans le beurre. Lorsqu'ils sont dorés, ajoutez le saumon égoutté et le vin blanc. Salez, poivrez.

4 Mélangez bien la préparation et laissez-la cuire 5 min à feu doux. Laissez refroidir hors du feu puis égouttez.

5 Étalez la pâte feuilletée sur une planche. Farcissez-la avec le mélange au saumon. Repliez et soudez les bords.

6 À l'aide d'un pinceau, enduisez le chausson de jaune d'œuf. Faites une cheminée avec du carton fin roulé.

7 Enfournez et laissez cuire 45 min.

8 Découpez en tranches et servez chaud, arrosé de la crème fraîche mélangée au jus de citron.

Accorder les vins. Un sancerre blanc, un pouilly-fumé ou un muscadet.

Variante. Vous pouvez remplacer le saumon par 300 g de crevettes décortiquées.

CHILI

Langoustes à la chilienne

Pour 2 personnes
Préparation : 15 minutes
Cuisson : 20 minutes + 15 minutes

1 langouste de 1,2 kg
3 c. à soupe d'huile d'olive
1 belle tomate épluchée et concassée
2 échalotes hachées • 1 gousse d'ail
1 pointe de piment • 15 cl de vin de Xérès • sel

1 Sur une planche en bois, coupez votre langouste à cru en 2 dans le sens de la longueur : servez-vous d'un couperet de boucher et éventuellement d'un marteau.

2 Versez l'huile d'olive dans une sauteuse et faites revenir la tomate, les échalotes, l'ail pilé et la pointe de piment. Laissez la préparation réduire sans qu'elle attache. Mouillez avec le xérès, salez modérément.

3 Pendant ce temps, faites griller votre langouste 10 min sous le grill du four, la chair tournée vers le haut. Sortez-la du four, tartinez-la de préparation à la tomate. Enfournez à nouveau 5 min.

Accorder les vins. Un vin blanc chilien bien sec ou un pouilly-fuissé.

Nota. Les meilleures langoustes du Chili viennent de l'île Juan Fernandez, près de Valparaiso, le principal port du pays. Toutefois, cette recette peut aussi bien être réalisée avec une langouste de la Méditerranée ou un homard breton.

Langoustines à la noix de coco ⇒
Il est possible de réaliser la même recette avec des coquilles Saint-Jacques, des noix de pétoncle ou, si vous préférez, en mélangeant différents crustacés.

THAÏLANDE

Langoustines à la noix de coco

Pour 4 personnes
Préparation : 10 minutes
Cuisson : 30 minutes

24 belles langoustines
1 l de pâte à beignets salée prête à l'emploi
1 c. à café de curry • 150 g de noix de coco râpée
2 citrons verts • 2 l d'huile pour la friture • sel, poivre

1 Faites cuire les langoustines 7 min à la vapeur. Laissez-les refroidir. Lorsqu'elles sont froides, étêtez-les, réservez les queues dont vous aurez ôté la carapace.

2 Dans un saladier, versez la pâte à beignets, poivrez. Ajoutez les 2/3 de la noix de coco râpée, puis le curry. Fouettez vigoureusement.

3 Faites chauffer l'huile dans une friteuse. Trempez les queues de langoustines dans la pâte à beignets et faites-les frire 2 min dans l'huile bouillante, 4 par 4 pour éviter que les beignets ne s'agglomèrent.

4 Déposez-les sur du papier absorbant pour éliminer l'excès d'huile, saupoudrez de sel puis parsemez avec le reste de la noix de coco râpée.

5 Donnez à chaque convive 1/2 citron vert, afin que chacun puisse arroser ses langoustines à son gré.

ITALIE

Minestrone

Pour 6 personnes
Préparation : 30 minutes
Cuisson : 90 minutes

100 g de haricots blancs secs • 2 carottes
1/4 de céleri rave • 3 blancs de poireaux • 2 courgettes
3 tomates • 5 c. à soupe d'huile d'olive
3 gousses d'ail • 1 bouquet garni • 5 branches de basilic
1 c. à soupe de pâtes alphabet ou de vermicelles
sel, poivre

1 Faites tremper les haricots blancs dans l'eau au moins 8 h.

2 Après les avoir égouttés, placez-les dans un faitout avec 75 cl d'eau froide. Portez lentement à ébullition et laissez cuire à petits bouillons pendant 75 min.

3 Épluchez tous les légumes, y compris les tomates, et coupez-les en julienne grossière. Faites-les fondre doucement dans l'huile d'olive pendant 15 min, en évitant qu'ils attachent ou qu'ils rissolent.

4 Versez les légumes dorés dans le faitout avec les haricots, les gousses d'ail écrasées, le basilic haché grossièrement. Salez, poivrez et laissez frémir 15 min.

5 5 min avant la fin de la cuisson, jetez les pâtes en pluie dans le faitout. Servez brûlant dans une soupière.

Nota. Un minestrone peut, selon sa consistance et son contenu, être soit une entrée, soit un plat de résistance. Les « puristes » ont tendance à le préférer en plat unique et à le servir bien copieux. La qualité d'un minestrone dépend de la diversité des légumes employés. N'hésitez pas à laisser courir votre imagination. À Gênes, les cuisiniers rajoutent des fèves, du choux et du potiron dans ce plat.

Conseil. Sur la table, vous pouvez disposer deux raviers, l'un contenant du parmesan râpé, l'autre du pesto. Chaque convive se servira à sa guise.

Grande-Bretagne

Mint sauce

Pour 4 personnes
Préparation et macération : 24 heures
Cuisson : 5 minutes

50 feuilles de menthe blanche • 50 feuilles de menthe verte
1 c. à café de sucre en poudre
1 c. à soupe de vinaigre de malt
10 cl d'eau • 10 grains de poivre

1 Hachez finement les feuilles de menthe, pilez le poivre. Mélangez et ajoutez le sucre en poudre.

2 Incorporez le vinaigre de malt et laissez macérer 24 h.

3 Le lendemain, placez le tout dans une petite casserole. Portez à ébullition 5 min.

4 Servez froid, tiède ou chaud « *as you like* », avec un gigot rôti, des chipolatas grillées, du bœuf bouilli froid, des côtelettes d'agneau, etc.

Variante. La *mint jelly* est une variante succulente qui s'obtient en rajoutant 2 feuilles de gélatine avant l'ébullition de la préparation. Elle se consomme froide et se conserve 3 jours au réfrigérateur.

New Orleans fried chicken ⇒
Vous pouvez décorer ce plat de poulet avec des rondelles de concombre ou de courgette.

INDONÉSIE

Nasigoreng

Pour 4 personnes
Préparation : 20 minutes
Cuisson : 25 minutes

250 g de riz • 5 c. à soupe d'huile d'arachide • 2 oignons
2 gousses d'ail • 1 petit concombre
250 g de germes de soja • 5 c. à soupe de soja
1 pointe de piment • 4 blancs de poulet rôti
1 quinzaine de cacahuètes grillées

1 Faites cuire le riz à l'eau bouillante salée, en suivant les indications du fabricant.

2 Versez l'huile dans un wok. Lorsqu'elle est chaude, faites rissoler les oignons émincés, les gousses d'ail hachées, le concombre coupé en dés et les germes de soja. Baissez le feu et laissez mijoter 15 min. Remuez bien pendant la cuisson afin d'éviter que la préparation attache.

3 Ajoutez le riz cuit, mélangez bien. Incorporez ensuite la sauce de soja, le piment et les blancs de poulet découpés en lanières. Mélangez le tout et poursuivez la cuisson 10 min.

4 Servez dans le wok et saupoudrez avec les cacahuètes grillées grossièrement hachées.

Accorder les vins. Un vin de Loire frais.

Conseil. Ce plat populaire indonésien permet à la population d'accommoder agréablement tous les restes. Vous pourrez donc agrémenter le plat de morceaux de porc ou de bœuf cuits, de petits pois, de noix de cajou…

États-Unis

New Orleans fried chicken

Pour 6 personnes
Préparation : 15 minutes
Cuisson : 15 minutes

1 poulet de 1,4 kg découpé en 6 morceaux
2 œufs • 4 gouttes de tabasco • 10 cl de rhum brun
2 l d'huile pour la friture • 50 g de beurre
8 tranches d'ananas • 2 bananes
4 petits épis de maïs • 2 oignons • sel, poivre

1 Battez les œufs en omelette. Poivrez, incorporez le tabasco et la moitié du rhum. Trempez les morceaux de poulet dans cette préparation.

2 Dans une friteuse, faites cuire les morceaux de poulet 4 par 4, et posez-les sur du papier absorbant pour éliminer l'excès d'huile. Réservez au chaud.

3 Faites fondre le beurre dans un grand plat, type plat à paella : mettez les tranches d'ananas, les bananes en rondelles, les épis de maïs et les oignons émincés à rissoler.

4 Ajoutez ensuite les beignets pour bien les réchauffer. Salez, poivrez. Flambez avec le reste de rhum et servez avec un riz blanc.

Accorder les vins. Un saint-émilion servi un peu frais ou un vin d'Anjou rouge.

NORVÈGE

Omelette norvégienne

Pour 6 personnes
Préparation : 30 minutes
Cuisson : 10 minutes

1 génoise de 20 cm de diamètre
2 verres de Grand Marnier
1/2 l de glace à la vanille
6 œufs • 150 g de sucre semoule

1 Posez la génoise dans un plat rond allant au four. Diluez les 2 verres de Grand Marnier avec 1 verre d'eau et imbibez régulièrement le biscuit. Couvrez-le avec la glace à la vanille et placez l'ensemble au congélateur, le temps de terminer la préparation.

2 Préchauffez votre four (th 6, 180 °C).

3 Cassez les œufs en séparant les blancs des jaunes. Fouettez les blancs en neige très ferme. Incorporez le sucre mélangé à 2 jaunes d'œufs. Continuez à battre vigoureusement.

4 Placez cette préparation dans une poche à douille. Sortez la génoise glacée du congélateur et dessinez des tresses entrelacées avec la pâte à meringue réalisée précédemment.

5 Enfournez et laissez la meringue dorer légèrement (environ 10 min).

Accorder les vins. Un sauternes.

Conseils.
• Au moment de passer à table, vous pouvez flamber ce dessert au Grand Marnier.
• Pour être sûr de réussir l'omelette norvégienne, n'oubliez surtout pas de placer la génoise dans le congélateur afin que votre glace à la vanille soit très froide et très dure.

Ossobuco ⇒
Pour donner une saveur acidulée à ce classique de la cuisine italienne, vous pouvez, en fin de cuisson, y ajouter des rondelles de citron ou d'orange.

ITALIE

Ossobuco

Pour 4 personnes
Préparation : 15 minutes
Cuisson : 1 heure 15

1 kg de jarret de veau coupé en rondelles
2 c. à soupe de farine • 50 g de beurre
3 c. à soupe d'huile d'olive • 2 gousses d'ail • 1 gros oignon
20 cl de vin blanc sec • 1 boîte de tomates pelées
au naturel (1 kg) • 1 branche de sauge • sel, poivre

1 Farinez les morceaux de veau. Faites-les dorer sur toutes leurs faces dans un mélange d'huile d'olive et de beurre.

2 Ajoutez les gousses d'ail et l'oignon hachés, puis le vin blanc et les tomates.

3 Salez, poivrez. Incorporez la branche de sauge.

4 Couvrez et laissez cuire 1 h 15 à petit feu. Servez chaud, accompagné de spaghettis ou de pommes de terre cuites à l'eau.

Accorder les vins. Un chianti rouge ou un bardolino rosé.

MAROC

Pastilla

Pour 6 personnes
Préparation : 1 heure
Cuisson : 1 heure

4 pigeons • 5 oignons • 150 g de beurre
1 c. à café de gingembre • 5 dosettes de safran
1 gros bouquet de coriandre • 1 bouquet de cerfeuil
8 œufs • 100 g de sucre semoule
100 g d'amandes mondées
1 c. à café de cannelle moulue
10 feuilles de brick • 100 g de pâte d'amandes
sucre glace • sel, poivre

1 Sur feu doux, dans 50 g de beurre, faites revenir les pigeons entiers sur toutes leurs faces, les oignons émincés, le gingembre et le safran. Salez, poivrez. Mouillez avec 1 verre d'eau tiède et laissez cuire 30 min.

2 Laissez refroidir. Désossez les pigeons. Récupérez la chair et coupez-la en dés. Remettez les morceaux dans la cocotte. Ajoutez la coriandre et le cerfeuil hachés. Battez les œufs en omelette avec le sucre semoule et versez ce mélange sur la viande.

3 Laissez cuire 5 min pour que l'omelette commence à prendre. Faites dorer les amandes dans une poêle avec la cannelle et ajoutez-les à la préparation précédente.

4 Préchauffez votre four (th 6, 180 °C).

5 Badigeonnez les feuilles de brick avec le reste de beurre fondu. Dans un moule à manqué bien beurré, placez successivement une feuille de brick, une partie de la préparation aux pigeons et des lamelles de pâte d'amande. Terminez par une feuille de brick. Badigeonnez-la de beurre fondu.

6 Enfournez et laissez cuire 20 min. Sortez la pastilla du four. Saupoudrez-la de sucre glace et, avec un peu de cannelle moulue, dessinez des losanges à la surface. Servez tiède avec un thé à la menthe.

IRAN

Pilaf de poulet à l'orange

Pour 4 personnes
Préparation : 15 minutes
Cuisson : 50 minutes

250 g de riz blanc • 1 petite carotte • 3 blancs de poulet cuits
100 g d'écorces d'oranges confites • 2 dosettes de safran
1 oignon • 50 g de noix de cajou • 50 g d'amandes grillées
50 g de beurre • 50 cl de bouillon de poule • sel, poivre

1 Préchauffez votre four (th 4, 120 °C).

2 Mettez le riz dans un plat allant au four et recouvrez-le d'eau salée. Épluchez la carotte, râpez-la et mélangez-la au riz.

3 Émincez les blancs de poulet au couteau. Coupez les écorces d'oranges confites en lamelles. Incorporez ces ingrédients à la préparation ci-dessus avec le safran et l'oignon émincé. Salez, poivrez. Concassez grossièrement les noix de cajou et les amandes, ajoutez-les au mélange.

4 Parsemez la surface du plat de lamelles de beurre. Enfournez et laissez cuire 50 min. Veillez à ce que la préparation ne dessèche pas ; si besoin est, arrosez avec du bouillon de poule. Servez dans le plat de cuisson.

Conseil. Si vous voulez améliorer la saveur de ce pilaf, vous pouvez, au moment de servir, le parsemer de zestes de citron, d'orange et de pamplemousse frais.

BELGIQUE

Quiche au maroilles

Pour 6 personnes
Préparation : 10 minutes
Cuisson : 25 minutes

1 pâte feuilletée • 20 g de beurre
100 g de haricots secs • 3 œufs
25 cl de crème fraîche épaisse
250 g de maroilles • poivre

1 Préchauffez votre four (th 6, 180 °C).

2 Étalez le fond de pâte dans un plat à tarte beurré. Déposez 100 g de haricots secs dans le fond pour éviter que la pâte gonfle. Enfournez et faites cuire 5 min.

3 Pendant ce temps, battez les œufs en omelette. Ajoutez la crème fraîche, le poivre et le maroilles finement émincé.

4 Enlevez les haricots secs du fond de tarte. Garnissez-le avec la préparation précédente. Enfournez et laissez cuire la quiche 20 à 25 min.

Accorder les vins. Un riesling.

Conseils.
• Servez cette quiche avec une salade verte légèrement aillée.
• Vous pouvez l'enrichir de 150 g lardons fumés : faites-les rissoler 15 min à la poêle et incorporez-les à la préparation aux œufs lorsqu'ils sont tièdes.
• Selon vos goûts, remplacez le maroilles par un autre fromage, un gouda au cumin par exemple.
• Étalez, sur le fond de pâte, une couche de pommes de terre préalablement cuites à l'eau, ou une fondue d'endives.

Quiche au maroilles ⇒
Si vous êtes amateur de bière, sachez qu'elle accompagnera parfaitement cette quiche. Choisissez une bière blonde belge (type Leffe) ou allemande.

Post

ITALIE

Risotto à la vénitienne

Pour 4 personnes
Préparation : 20 minutes
Cuisson : 30 minutes

500 g de riz rond • 50 g de beurre demi-sel
1 gros oignon blanc • 100 g de coppa • 2 tomates
30 cl de valpolicella blanc (sec) • 60 cl d'eau
2 dosettes de safran • 1 sachet de parmesan râpé
sel, poivre

1 Faites fondre la moitié du beurre dans une sauteuse. Ajoutez l'oignon émincé, la coppa découpée en lamelles, les tomates pelées et concassées ; faites revenir le tout quelques minutes.

2 Versez le riz, mélangez bien l'ensemble.

3 Mouillez avec le vin blanc et remuez jusqu'à ce que tout le liquide ait été absorbé. Laissez mijoter environ 25 min en arrosant régulièrement avec l'eau chaude, afin que la préparation n'attache pas.

4 Malaxez le beurre restant avec le safran, incorporez-le à la préparation 5 min avant la fin de la cuisson.

5 Servez dans un plat préalablement chauffé. Salez, poivrez et saupoudrez de parmesan.

Accorder les vins. Un valpolicella blanc (sec).

⇐ *Risotto à la vénitienne*
Servez ce risotto en accompagnement d'un sauté de veau à la sauge ou d'un poulet marengo. Toutefois, il est copieux et peut donc constituer à lui seul le plat principal.

CHINE

Rouleaux de printemps

Pour 4 personnes (12 rouleaux)
Préparation : 15 minutes
Pas de cuisson

4 galettes de riz • 32 petites crevettes roses au naturel
150 g de germes de soja cuits (en conserve)
1 carotte émincée finement • 1 laitue
1 bouteille de sauce nuoc-mâm

1 Dans un saladier, mélangez les germes de soja, la carotte émincée, les crevettes et 1 c. à soupe de nuoc-mâm.

2 Réhydratez les galettes de riz entre deux torchons humides, pendant 5 min.

3 Étalez la préparation aux crevettes au milieu des galettes de riz et formez des rouleaux. Soudez en mouillant légèrement.

4 Servez les rouleaux sur des nattes de bambou ou dans des paniers en rotin, joliment disposés sur des feuilles de laitue.

5 Préparez, pour chaque invité, une coupelle contenant de la sauce nuoc- mâm et, éventuellement, du piment en pâte et des feuilles de menthe fraîche.

Nota. Les rouleaux de printemps peuvent être servis en entrée ou à l'apéritif. Ce sont aussi d'excellents coupe-faim dans le cadre d'un régime hypocalorique.

Smörgåsbord ⇒
Ce plat national suédois est en fait un grand buffet de poissons marinés, de viandes séchées et de boulettes de viande : dans des ramequins, vous pouvez disposer au moins 3 types de harengs marinés (à l'aneth, à la tomate, à la moutarde). Sur des planches de bois, présentez des jambons crus ou fumés que les convives découperont eux-mêmes. Prévoyez également du pain noir et du beurre demi-sel.

SUÈDE

Smörgåsbord

Pour 6 personnes
Préparation : 10 minutes
Marinade : 2 heures

500 g de saumon frais découpé en tranches très fines par votre poissonnier • 2 citrons
1 c. à soupe de moutarde de Dijon
1 bouquet d'aneth • 1 cœur de laitue
20 cl d'huile d'olive • sel, poivre

1 Déposez les tranches de saumon sur un grand plat, en veillant à ce qu'elles ne se chevauchent pas trop.

2 Pressez les citrons, mélangez le jus avec la moutarde et l'aneth finement ciselé.

3 Nappez le saumon avec cette préparation. Salez et poivrez généreusement. Laissez mariner 2 h au frais.

4 Au moment de servir, disposez le saumon sur la laitue taillée en chiffonnade et arrosez le tout d'huile d'olive. Décorez avec quelques rondelles de citron.

Conseil. Accompagnez le smörgåsbord de tranches de concombre et d'une salade de betteraves rouges.

Nota. Plutôt que du vin, choisissez de servir de la bière ou un verre d'aquavit glacé.

Soupe de crevettes à la citronnelle ⇒
Servez cette soupe en entrée dans de petits bols chinois. Si vous aimez les saveurs prononcées, incorporez un morceau de gingembre frais de 2 cm et quelques feuilles de coriandre fraîche.

POLOGNE

Soupe aigre zur

Pour 4 personnes
Préparation : 10 minutes
Macération : 2 semaines
Cuisson : 30 minutes

80 g de farine de seigle • 2 navets
2 carottes • 1 l de bouillon de bœuf
200 g de lard fumé • 2 pommes de terre
crème fraîche • citron • sel, poivre

1 Versez la farine de seigle dans une jatte, ajoutez 50 cl d'eau tiède. Mélangez et laissez rancir 2 semaines en couvrant le récipient avec un linge. Des bulles se formeront en surface et la préparation prendra une odeur aigre.

2 Coupez les navets en tronçons et les carottes en rondelles. Mettez ces légumes dans une casserole avec le bouillon de bœuf, la farine de seigle et son jus. Salez, poivrez, ajoutez le lard en dés et laissez mijoter 30 min.

3 Faites cuire les pommes de terre séparément à la vapeur. Servez le plat bien chaud dans une soupière. Présentez les pommes de terre à part.

Conseils.
- Si le goût aigre n'est pas assez prononcé, prévoyez une saucière de crème fraîche mélangée à du jus de citron : les convives se serviront à leur guise.
- Vous pouvez remplacer le lard par une saucisse de Morteau ou une saucisse de Montbéliard coupées en larges rondelles.

CHINE

Soupe de crevettes à la citronnelle

Pour 4 personnes
Trempage : 2 heures
Préparation : 15 minutes
Cuisson : 50 minutes

1 l de bouillon de poule • 4 navets • 2 oignons
1 piment doux • 8 champignons chinois parfumés
1 branche de citronnelle (fraîche de préférence)
2 c. à soupe de nuoc-mâm • 100 g de pousses de bambou
16 grosses crevettes étêtées et décortiqués
1 c. à soupe de chao-xing

1 Épluchez les navets et coupez-les en cubes. Émincez très finement le piment et les oignons.

2 Mettez les champignons chinois à tremper 2 h dans de l'eau tiède.

3 Faites cuire les légumes et la citronnelle hachée 45 min dans le bouillon de poule.

4 Ajoutez la sauce nuoc-mâm, les champignons, les pousses de bambou et les crevettes. Laissez cuire encore 5 min, versez le chao-xing et servez immédiatement.

Conseil. À défaut de chao-xing, utilisez 10 cl de xérès.

LIBAN

Taboulé libanais

Pour 6 personnes
Préparation : 45 minutes
Macération : 3 heures
Pas de cuisson

500 g de semoule • 5 citrons
3 bottes de persil plat • 2 bottes de coriandre fraîche
1 poivron rouge • 1 poivron vert • 4 tomates pelées
5 c. à soupe d'huile d'olive • 4 oignons blancs
sel, poivre

1 Placez votre semoule dans un saladier, recouvrez-la du jus des 5 citrons et d'eau froide salée. Hachez très finement le persil et la coriandre, découpez les poivrons et les tomates en tout petits morceaux, ajoutez-les à la semoule. Versez l'huile d'olive. Salez, poivrez, mélangez bien et placez au frais 3 h.

2 Toutes les 1/2 h, vérifiez que la semoule gonfle bien : ajoutez éventuellement du jus de citron et de l'huile d'olive.

3 Au moment de servir, hachez l'oignon blanc et incorporez-le au taboulé. Décorez avec des feuilles de menthe ou de coriandre fraîche.

Accorder les vins. Un rosé de Carmel.

Nota.
- Le taboulé est un plat que l'on mange dans tout le Maghreb. Au Liban, il est différent du taboulé maghrébin car il contient beaucoup plus de persil et de coriandre. Ce plat libanais est ainsi plus léger.
- Le taboulé peut être servi en entrée ou en plat principal, avec des merguez grillées.

Tajine d'agneau aux coings ⇒
Si vous n'aimez pas trop le mélange sucré-salé, vous pouvez supprimer les coings et la gelée. Remplacez-les par 8 fonds d'artichauts et 2 pommes de terres découpées en gros dés.

MAGHREB

Tajine d'agneau aux coings

Pour 6 personnes
Préparation : 20 minutes
Cuisson : 1 heure

500 g d'épaule d'agneau • 500 g d'échine d'agneau
500 g de collier • 2 c. à soupe d'huile d'olive • 1 gros oignon
1/2 c. à café de cannelle • 2 dosettes de safran
1 c. à café de paprika • 1 pot de gelée de coings
50 cl de bouillon de poule • 4 coings bien mûrs
50 g de beurre • 1 orange pressée
1 bouquet de coriandre fraîche • sel, poivre

1 Versez l'huile d'olive dans un plat à tajine : faites revenir les morceaux d'agneau. Ajoutez l'oignon émincé, la cannelle, le safran, le paprika, le sel, le poivre et 4 c. à soupe de gelée de coings. Mouillez avec le bouillon de poule. Mélangez bien et laissez cuire 1 h à feu très doux.

2 Pendant ce temps, épluchez les coings, coupez-les en rondelles épaisses et poêlez-les au beurre. Incorporez l'orange pressée et 1 c. à soupe de gelée de coings. Laissez mitonner 35 min.

3 Lorsque l'agneau est cuit, rajoutez les coings. Saupoudrez de coriandre ciselée et servez bien chaud.

Vitello al fontina ⇒
Si, vous n'arrivez pas à trouver de fontina chez votre fromager, vous pouvez utiliser un autre fromage à pâte pressée cuite, de l'appenzell, du gruyère ou du gouda par exemple.

HONGRIE

Veau au paprika

Pour 6 personnes
Préparation : 20 minutes
Cuisson : 1 heure 15

1,4 kg de sauté de veau (1/2 tendron et 1/2 épaule)
4 c. à soupe d'huile d'arachide • 1 oignon • 2 tomates
20 cl de vin blanc sec • 1 c. à soupe de paprika
1 c. à soupe de farine • sel, poivre

1 Versez l'huile dans une cocotte et faites revenir les morceaux de veau sur toutes leurs faces, jusqu'à ce qu'ils soient bien dorés.

2 Hachez l'oignon, concassez les tomates préalablement pelées et ajoutez ces ingrédients dans la cocotte.

3 Délayez le paprika dans le vin blanc, salez, poivrez. Mélangez bien et versez cette préparation sur la viande. Incorporez la farine, mélangez à nouveau.

4 Laissez cuire 1 h 15 à feu très doux. Servez chaud, accompagné de pommes de terre cuites à l'eau et parsemées de persil ciselé.

Accorder les vins. Un bon cahors ou un bergerac rouge.

Conseil. Veillez à ce que le veau n'attache pas pendant la cuisson. Tournez régulièrement et mouillez éventuellement avec un verre d'eau ou de vin blanc.

ITALIE

Vitello al fontina

Pour 6 personnes
Préparation : 40 minutes
Cuisson : 1 heure 30

1 rôti de veau de 1,4 kg
50 g de beurre • 25 cl de crème fraîche
2 c. à soupe de crema di mandola
300 g de fromage fontina • poivre

1 Préchauffez votre four (th 7, 210 °C).

2 Enduisez votre rôti de beurre. Enfournez-le et laissez cuire 30 min.

3 Sortez le rôti du four. Laissez-le refroidir et découpez-le en tranches.

4 Découpez les 2/3 de la fontina en fines lamelles et placez-les entre chaque tranche de rôti. Reconstituez ce dernier en alternant tranches de veau et de fromage. Ficelez-le pour qu'il ne se défasse pas à la cuisson.

5 Enfournez à nouveau le rôti et laissez-le cuire 1 h (th 4, 120 °C). Pendant ce temps, dans une petite casserole à fond épais, faites fondre le reste de la fontina découpée en petits morceaux. Incorporez progressivement, en battant vigoureusement, la crema di mandola puis la crème fraîche. Poivrez. Ne laissez pas bouillir la préparation. Lorsque le rôti est cuit, arrosez-le avec la sauce au fromage et servez aussitôt.

Accorder les vins. Un valpolicella.

ÉTATS-UNIS

Waldorf salad

Pour 4 personnes
Préparation : 15 minutes
Pas de cuisson

2 pommes reinettes • 1 petit céleri rave • 1 citron
1 jaune d'œuf • 1 c. à soupe de moutarde
10 cl d'huile d'arachide • 8 cerneaux de noix
8 beaux raisins blancs • 8 beaux raisins noirs
1 branche de céleri • sel, poivre

1 Pelez les pommes et coupez-les en dés. Épluchez le céleri rave et coupez-le en fines lamelles. Aspergez de jus de citron afin que la préparation ne noircisse pas. Préparez une mayonnaise avec le jaune d'œuf, la moutarde et l'huile. Dans un saladier, mélangez la mayonnaise, la pomme et le céleri. Salez, poivrez.

2 Disposez cette préparation au centre de chaque assiette, décorez avec les cerneaux de noix, les grains de raisins et la branche de céleri.

Accorder les vins. Un vouvray.

AUTRICHE

Wiener schnitzel

Pour 4 personnes
Préparation : 5 minutes
Cuisson : 20 minutes

4 escalopes de veau de 120 g chacune
1 œuf • 2 c. à soupe de farine • 50 g de chapelure
60 g de beurre • sel, poivre

1 Battez l'œuf entier en omelette.

2 Farinez les escalopes. Trempez-les dans l'œuf battu puis dans la chapelure.

3 Faites fondre le beurre dans une poêle et laissez les tranches de viande cuire 10 min sur chaque face. Salez, poivrez.

Accorder les vins. Un cheverny rouge.

Conseil. Ces escalopes panées peuvent être servies avec des pommes de terre sautées ou des pâtes alsaciennes.

Variante. Vous pouvez enrichir ce plat de la manière suivante : prenez 2 œufs durs, écalez-les, hachez séparément les blancs et les jaunes. Disposez les escalopes sur chaque assiette, déposez un filet d'anchois sur chacune et décorez avec les œufs hachés et des quartiers de citron.

⇐ ***Waldorf salad***
Vous pouvez transformer cette petite entrée fraîche en plat si vous y ajoutez une boîte de chair de crabe ou 200 g de crevettes roses décortiquées.

BRÉSIL

Ximxim de galinha

Pour 4 personnes
Préparation : 15 minutes
Cuisson : 20 minutes + 7 minutes

16 grosses crevettes cuites étêtées
1/2 boîte de tomates pelées • 1 poivron rouge
1 poivron vert • 150 g de cacahuètes
3 c. à soupe de noix de coco râpée
4 c. à soupe d'huile d'arachide
piment (facultatif) • sel, poivre

1 Versez l'huile dans une cocotte et faites revenir les tomates pelées. Incorporez le poivron vert et le poivron rouge coupés en dés.

2 Concassez les cacahuètes. Ajoutez-les à la préparation. Laissez cuire 15 min à feu doux. Salez, poivrez et, si vous le désirez, pimentez légèrement.

3 Versez la préparation dans un plat à gratin. Couvrez-la avec les crevettes étêtées, saupoudrez de noix de coco râpée. Huilez la surface avec un pinceau. Enfournez sous le grill du four pendant 7 min. Servez brûlant.

Accorder les vins. Un brouilly bien frais.

Conseils.
• Servez le ximxim de galinha avec un ragoût de haricots noirs. Vous pourrez également disposer, dans les assiettes de vos convives, quelques quartiers d'orange pelée.
• En entrée, vous pourrez réaliser une soupe de crevettes au maïs : achetez une douzaine de crevettes en plus, décortiquez-les. Versez 50 cl de fumet de poisson et 50 cl d'eau (ou de bouillon de légumes) dans une casserole. Portez à ébullition. Baissez le feu, ajoutez 1 pomme de terre et 1 oignon émincés. Laissez cuire 30 min. Mixez, puis remettez sur le feu. Ajoutez les crevettes, 1 boîte de grains de maïs égouttés, un peu de piment et de paprika, du sel, du poivre, 10 cl de crème fraîche. Mélangez et poursuivez la cuisson 10 min. Servez bien chaud.

SÉNÉGAL

Yassa de poulet

Pour 4 personnes
Préparation : 20 minutes
Cuisson : 1 heure

1 poulet de 1,4 kg • 2 échalotes
2 c. à soupe d'huile d'arachide
1 avocat bien mûr • 4 gousses d'ail
1 petit piment • 25 cl de lait de coco
1 pincée de noix de muscade râpée • sel

1 Découpez votre poulet en 8 morceaux. Hachez les échalotes. Faites revenir le tout 10 min dans l'huile. Pelez l'avocat et coupez-le en petits dés. Ajoutez-le à la préparation, ainsi que l'ail écrasé et le piment en petits morceaux.

2 Mouillez avec le lait de coco, incorporez la noix de muscade. Salez et laissez cuire 1 h en remuant régulièrement pour que la préparation n'attache pas.

Accorder les vins. Un bandol rouge servi frais.

Conseil. 5 min avant la fin de la cuisson, ajoutez 2 bananes coupées en rondelles.

⇐ *Yassa de poulet*
Au moment de servir, vous pouvez saupoudrer le poulet de noix de coco râpée. Des haricots rouges ou un riz safrané accompagneront très bien ce plat.

GRANDE-BRETAGNE

Yorkshire pudding

Pour 6 personnes
Préparation : 15 minutes
Cuisson : 15 minutes

250 g de farine • 2 œufs • 50 cl de lait
noix de muscade râpée
1 c. à soupe de saindoux • sel, poivre

1 Préchauffez votre four (th 7, 210 °C).

2 Dans un saladier, mélangez la farine, les œufs entiers, le sel, le poivre, la noix de muscade râpée et incorporez progressivement le lait. Battez vigoureusement.

3 Graissez vos ramequins avec le saindoux. Remplissez-les avec la préparation et enfournez 15 min.

4 Les Yorkshire puddings sont destinés à accompagner une viande ou une volaille rôties : vous pouvez donc les démouler et les placer dans le plat de viande aux 3/4 de la cuisson de cette dernière. Les puddings s'imprégneront ainsi de jus.

Accorder les vins. Un côte-rôtie ou un saint-joseph.

Conseil. Les Yorkshire puddings sont traditionnellement servis en Angleterre lors du *sunday lunch* (le déjeuner dominical). Il est d'usage d'en prévoir 1 ou 2 par convive.

ESPAGNE

Zarzuela valencienne

Pour 6 personnes
Préparation : 60 minutes
Cuisson : 1 heure 40

1 kg de langoustines crues • 1 oignon • 5 gousses d'ail
30 cl d'huile d'olive • 1 verre à moutarde de cognac
500 g de congre • 500 g de lotte • 1 l de moules grattées
500 g de calamars • 1 poivron vert • 1 poivron rouge
1 boîte de tomates pelées • 2 dosettes de safran
3 tranches de jambon de Bayonne • sel, poivre

1 Préparez un bouillon : plongez les têtes et les pattes des langoustines dans 2 l d'eau bouillante. Ajoutez l'oignon et les gousses d'ail hachés, laissez cuire 1 h.

2 Versez l'huile d'olive et le cognac dans un grand plat à paella. Faites revenir le congre coupé en tronçons, la lotte, les langoustines, les calamars coupés en rondelles, les poivrons épépinés et les tomates pelées. Parsemez de safran, salez, poivrez et laissez cuire 10 min.

3 Ajoutez le jambon de Bayonne taillé en lanières.

4 Passez le bouillon à la moulinette, filtrez-le au chinois. Versez-le dans le plat à paella : il doit recouvrir la préparation. S'il est trop court, vous pouvez l'allonger avec du vin blanc sec.

5 Laissez cuire 25 min à feu doux. Ajoutez les moules et poursuivez la cuisson 5 min. Rectifiez l'assaisonnement et servez dans le plat de cuisson ou dans une soupière.

⇐ *Zarzuela valencienne*
À l'origine, la zarzuela est un plat que les pêcheurs réalisaient avec les poissons et les crustacés qu'ils ne réussissaient pas à vendre. Nous avons choisi une zarzuela valencienne, mais n'hésitez pas à innover. Profitez des arrivages du jour que votre poissonnier vous proposera. Préférez toutefois les poissons à chair ferme afin qu'ils ne se défassent pas à la cuisson.

ITALIE

Zuppa inglese

Pour 4 personnes
Préparation : 20 minutes
Cuisson : 20 minutes

1 fond de génoise de 20 cm de diamètre • 15 cl de kirsch
250 g de fruits confits • 1 l de crème pâtissière
4 blancs d'œufs • 150 g de sucre semoule

1 Préchauffez votre four (th 5, 150 °C). Placez votre génoise dans un moule à manqué.

2 Préparez un sirop avec 100 g de sucre et un verre d'eau. Ajoutez le kirsch. Mouillez la génoise avec ce sirop et parsemez-la de fruits confits grossièrement hachés. Recouvrez le tout de crème pâtissière.

3 Battez les blancs en neige avec le reste de sucre et étalez cette préparation sur votre gâteau. Enfournez et laissez cuire 20 min. Lorsque la meringue a pris, votre zuppa est prête à consommer, tiède ou froide.

Accorder les vins. Un asti spumante fera revivre les fastes des cuisiniers napolitains dans les palaces aux lambris dorés du Londres des années 1930.

Les pages des recettes illustrées par une photographie apparaissent en **gras**.

Entrées

Plats principaux

Accompagnements

Desserts

Achevé d'imprimer en mars 2001
par CLERC S.A. - 18200 Saint-Amand-Montrond - Tél. : 02 48 61 71 71